Familie Igel

Bilder von Anny Hoffmann

Erzählt von Anne Peer nach einer Idee von H. Förster

Jahrmarkt gab's am Igelplatz.
„Das war schön, mein lieber Schatz",
sagt Frau Igel froh und lacht.
Allen hat es Spaß gemacht.

Gräser wiegen sich im Wind.
Mimi sagt zum Puppenkind:
„Es ist spät. Das Fest ist aus.
Keine Angst! Wir geh'n nach Haus."

Robi, der spielt überall
mit dem schönen neuen Ball.
Mimi ruft: „Wir spielen mit,
weil es lustig ist zu dritt!

Wirf ihn hoch und wirf ihn her!
Fangen ist doch gar nicht schwer!"
Noch einmal und noch einmal!
Immer höher fliegt der Ball.

Igeleltern unterdessen
sitzen froh beim Mittagessen
und sind festlich angezogen.
Plötzlich kommt der Ball geflogen.

Baby Igel lacht und klatscht,
weil er in die Suppe patscht.
Papa Igel ruft „Oh, nein!
Kinder, muss das wirklich sein?"

Papa Igel steht und spricht:
„So etwas gehört sich nicht!
Ihr drei Schlingel, ist euch klar,
was das für ein Ärger war?"

Mimi sagt: „Sei uns nicht bös'!
Du wirst immer gleich nervös.
Manches Mal hat man kein Glück.
Gibst du uns den Ball zurück?"

Liegestühle sind bequem
und zum Liegen angenehm.
Mimi macht die Augen zu,
träumt von einem Känguru.

Hockt in seinem Beutel drin,
hopp, hopp, hopp – hüpft es dahin.
In der Erde, unter ihr,
wühlt und gräbt ein anderes Tier.

Langsam wird der Stuhl verschoben
und dann plötzlich hochgehoben.
Mimi ist total verschreckt.
Sie wird unsanft aufgeweckt.

„Hier im grellen Sonnenschein
muss die Welt zu Ende sein",
meint der Maulwurf, hört es krachen,
und die Igelbuben lachen.

Bobi hält sich seinen Bauch.
Robis Bäuchlein wackelt auch.
Mimi weiß nicht, was geschah
und sitzt ganz verdattert da.

„Tut mir leid, war ein Versehen.
Habe wirklich nichts gesehen",
sagt der Maulwurf und verschwindet,
weil er eine Made findet.

Die Igelbuben prusten so,
sie sind wirklich schadenfroh,
zappeln voller Übermut.
Übermut tut selten gut.

Bobi strampelt wild und wippt.
Der Liegestuhl, der schwankt und kippt,
und schon fällt er krachend um,
und die Buben schauen dumm.

Robi weint und humpelt noch.
Bobis Ärmel hat ein Loch.
Mimi sagt: „Wir geh'n nach Hause,
denn jetzt gibt es eine Jause."

Mama schaut und weiß Bescheid.
Ihre Buben tun ihr leid.
Doch der Schmerz ist rasch vergessen,
wenn sie Apfelkuchen essen.

© Genehmigte Lizenzausgabe der Verlagsbuchhandlung
Julius Breitschopf GmbH & Co. KG
für Tandem Verlag GmbH, Birkenstraße 10, D-14469 Potsdam

Gesamtherstellung: Tandem Verlag GmbH, D-14469 Potsdam

www.tandem-verlag.de

ISBN 978-3-8427-0568-5